POURQUOI ?

PAR

ALPHONSE KARR

Adeste hendecasyllabi.
TIBULLE.
A moi, mes guêpes.

NICE,
SOCIÉTÉ TYPOGRAPHIQUE, IMPRIMERIE ET LITHOGRAPHIE A. GILLETTA,
Rue de la Préfecture, 9.

1871

POURQUOI ?

Adeste hendecasyllabi.
Tibulle.
A moi, mes guêpes.

Je suis seul, au bord de la Méditerranée, sur les grèves de Saint-Raphaël, à près de trois cents lieues de Paris et de Versailles.

Il se passe là-bas beaucoup de choses que je ne comprends pas, et sur lesquelles je demande la permission de faire un certain nombre de questions :

Pourquoi ces luttes hypocrites, sourdes, sans dignité, sans génie, sans initiative, sans bon sens ?

Il me semble d'ici qu'il ne s'agit pas de savoir ce que va devenir la France, mais de savoir à quel parti elle va être livrée.

Non de décider si c'est la légitimité, le gouvernement représentatif ou la république qui vont être son état social.

Mais si ce sont ceux qui ont parié pour le blanc, ceux qui ont parié pour le bleu ou ceux qui ont joué sur la rouge, qui vont ramasser les enjeux et s'emparer de cette pauvre patrie au pillage.

Les uns veulent ramener 1715 ou 1815 — les autres 1793 — et M. Thiers ne cherche et ne réussit, jusqu'à présent, à nous sauver de ces deux dates — qu'en nous reportant à 1830 — ou plutôt à 1840, lorsqu'il était à peu près roi de France, — avec des co-ministres postiches comme les deux consuls Lebrun et Cambacérès après le 18 brumaire.

Comme le consul si ridiculement « collègue de César » dans Rome asservie.

(Un de ces ministres postiches, était M. de Rémusat, qui vient de reprendre son rôle de 1840).

Mais qui s'occupe de 1872 — et qui sait comment finira 1871 ?

Il semble que tout est fait, que tout est dit, qu'il n'y a ni avenir, ni progrès pour la France et pour l'humanité ; — qu'on ne peut faire du nouveau qu'avec de l'oublié ou, du moins, de l'ancien — hélas ! c'est peut-être vrai.

Cependant, le mal, lui, marche menaçant et fait des progrès ; — il se prépare de terribles associations pour tout renverser, pour tout détruire.— On tue mieux, on tue de plus loin qu'autrefois. — Le mal, la ruine et la mort sont en progrès ; — le bien, la défense, la vie — sont loin d'y être.

Le nombre des démolisseurs s'augmente tous les jours ; — tous les jours il se forme moins d'architectes et de maçons.

Je crois voir des sauvages qui se sont emparé d'un navire ; — ils ont coupé le câble de l'ancre, et le navire vogue au gré des vents et des flots. D'abord, ils défoncent les tonneaux, boivent le rhum, l'huile à brûler, etc. et dansent en rond. — Pendant ce temps, le navire s'en va toujours en dérive — et finit par toucher sur un écueil où il se fend et brise sa quille; — mais ils n'entendent pas le craquement, — et, comme les avaries sont à la partie submergée du bâtiment, ils n'y font pas attention.

Puis ils songent à se parer. — La *nuée qui marche* se fait une coiffure avec la culotte d'un matelot, le *singe vénérable* se passe une cuiller dans le nez, — l'*écureuil vertigineux* s'accroche, à chaque oreille, une boîte de sardines conservées ; le chef, arrivé à cette haute dignité, parce qu'il a pour tout vêtement une paire de lunettes, monte sur n'importe quoi et fait des discours. — Les sauvages dansent, chantent et hurlent. Mais voici que le *singe vénérable* demande à *Bilinguis* de lui céder ses lunettes. — Pendant ce temps le navire descend. — *Bilinguis* refuse. — *Le singe vénérable* tente de les lui arracher, fût-ce en arrachant le nez avec ; une lutte s'ensuit à laquelle prennent part tous les sauvages, — et cependant le navire descend — l'eau est sur le pont ; — personne ne s'en aperçoit, et le bâtiment disparaît en formant un tourbillon qui engloutit tous les sauvages.

Pourquoi vous ai-je dit cette fable ? Parce que nous sommes en ce moment précisément comme en 1851 ;

A ce point de lassitude, de découragement, de dégoût universel, où celui qui s'emparerait brutalement du pouvoir le garderait.

Et comme il faut pour cela ne rien respecter, et tout braver, il y a beaucoup de chances pour que ce soit un coquin.

Pourquoi deux princes d'Orléans, élus représentants de deux départements, ne siègent-ils pas à la Chambre au même titre que les autres représentants?

Pourquoi les journaux ont-ils raconté comme une louange que c'est M. Thiers qui a *obtenu* d'eux une attitude qui, d'ici où je suis, a tout l'air d'une comédie et d'une impertinence, — et laisse deux départements incomplètement représentés.

S'ils se sont offerts comme candidats, c'est qu'ils se sont cru les lumières nécessaires, tout au moins le zèle exigé pour remplir congrûment ces fonctions, et accomplir une besogne qui n'a jamais été aussi urgente. Quel rôle jouent-ils hors d'une Assemblée dont ils font partie? Qu'attendent-ils pour y paraître — que la besogne soit finie? Quelle besogne?

Certes, si l'épreuve accomplie, et honnêtement accomplie, il se trouve que définitivement la liberté soit un mets de trop dure digestion pour les estomacs des français ; s'il faut se résigner tristement à ne plus leur verser pur ce vin généreux, mais *contondant* et trop capiteux pour des cervelles aussi faibles,

Certes, j'aime mieux les d'Orléans que Me Gambetta et ses anciens électeurs, — qu'il a un peu abandonnés une première fois, quand il a vu un chemin de traverse qui le menait au pouvoir, et une seconde fois quand ils ont été vaincus ; mais qui eux ne le perdent pas de vue et sauraient venir exiger leur part, au jour de butin. Il les a lachés, mais eux ne le lachent pas. On ne sait pas ce que c'est qu'un parti, disait le cardinal de Retz, quand on s'imagine que le chef en est le maître ;

Et de notre temps, un émeutier répondait au président d'une chambre correctionnelle : que voulez-vous? j'étais leur chef, il fallait bien les suivre.

J'aime mieux les d'Orléans que Henri V avec le drapeau blanc, — qui réunirait immédiatement contre lui les libéraux de toutes les couleurs et de toutes les nuances, — et nous condamnerait à refaire encore le même tour — 1789 et 1830 — 1848 et 1792 — 1815 et 1870 — 1871 et 1793.

Mais dans l'intérêt du pays — moi je n'ai pas d'intérêt — j'aime mieux la république que les d'Orléans ; j'entends une vraie république et non pas celle qui aurait pour unique résultat de remplacer une dynastie par une coterie.

Pourquoi le gouvernement, pourquoi l'Assemblée ne sont-ils pas à Paris ?

Le Gouvernement et l'Assemblée étaient encore à Bordeaux et on n'avait pas encore voté la translation à Versailles, lorsque j'écrivais à Crémieux et j'insérais dans un journal :

« Disons le gros mot : de quoi avez-vous peur ? Vous avez peur d'une émeute qui envahirait et violenterait l'Assemblée.

« Moi j'aurais bien plus peur d'une émeute qui prendrait votre place laissée vacante, qui s'installerait sur vos siéges, et s'intitulerait :

« Le gouvernement de paris. »

« Tandis que vous seriez :

« Le gouvernement de bordeaux ou de versailles.

« Un gouvernement de province ou de banlieue...

« Si vous ne croyez pas pouvoir, à Paris, vous défendre contre l'émeute — vous, les représentants de la nation, — l'émeute sera bien plus puissante par votre absence ; — elle n'envahira pas le Corps législatif, elle s'y installera. »

Les évènements ne m'ont donné que trop tôt et trop tristement raison.

Ah ! la dangereuse éducation que nous avons reçue :
— l'histoire des anciennes républiques prépare autant de déceptions que la lecture des romans.

Nous avions lu que les sénateurs romains, lorsque Rome avait été envahie par les Gaulois, s'étaient laissés égorger sur leur chaise curule ; et nous nous disions : voilà comment font les sénateurs.

Aussi avec quelle indignation Cicéron répond-il au projet du sénat, de quitter Rome avec Pompée :

« Rome ! quitter Rome ! s'écrie-t-il, rien n'est plus insensé ! quitter Rome ! vous quitteriez donc Rome si les Gaulois revenaient (1). »

Ces études là des temps et des républiques honnêtes, nous exposent à mépriser d'honorables contemporains, comme les romans disposent les jeunes filles à repousser des amants qui ne sont pas les héros rêvés.

Eh bien ! aujourd'hui — je le répète — il fallait être à Paris. — Les trois quarts des Parisiens, qui voyaient avec dégoût et désespoir les actes de l'insurrection, auraient pu se grouper autour de vous — et se défendre et vaincre.

Et quand quelques-uns d'entre-vous auraient péri comme les ôtages si lâchement assassinés !

N'avez-vous jamais fait entrer dans vos chances possibles, quand vous demandiez l'honneur de représenter la France, qu'il peut venir un jour où il faudra mourir pour elle.

Oh ! ça se dit — ça se dit trop — et par les avocats qui deviennent généraux — et par les généraux qui deviennent avocats.

---

(1) Nihil absurdius ! urbem tu relinquas ; ergò idem si Galli venirent.

Le gouvernement de la défense n'avait-il pas juré de « mourir tous jusqu'au dernier. »

Où est le premier?

Un général n'avait-il pas juré de ne « rentrer à Paris que vainqueur ou mort. »

Des phrases, des phrases !

Verba et voces prœtereàque nihil.

Pourquoi ne rentre-t-on pas à Paris ?

Pourquoi n'y est-on pas rentré en quittant Bordeaux ? Les mots qui se pressent sous ma plume pour répondre à cette question, sont de bien gros, de trop gros mots.

Je vous le dis en vérité, et l'histoire vous le dira un jour plus sévèrement que moi !

Les uns peuvent-être aussi coupables, aussi déshonorés, pour ce qu'ils ont laissé faire — que les autres sont coupables et déshonorés pour ce qu'ils ont fait.

Pourquoi tant de généraux à l'Assemblée nationale quand il y a de l'ouvrage en Algérie ? — et qu'il ne faut pas qu'ils en fassent à l'intérieur ?

L'armée ne doit, ne peut être qu'*une force* aux ordres de la loi.

Elle ne peut donc prendre aucune part à des discussions politiques qui nécessairement la diviseraient — et elle doit être une.

La majorité de l'Assemblée, c'est-à-dire la nation qu'elle représente donne un ordre à un général député : Comme député il a exprimé une opinion contraire à cet ordre, et il a voté dans le sens de son opinion.

Que fera-t-il ?

Ou il obéira à l'Assemblée et fera obéir les troupes placées sous ses ordres; très bien, son rôle est honnête mais difficile et rend sa position comme député parfaitement ridicule.

Ou bien il donnera à ses troupes un ordre conforme à ses opinions personnelles et contraire à la volonté de l'Assemblée, et, dans ce cas, rien ne sera plus urgent que de le fusiller, à moins qu'il ne réussisse à diviser l'armée et à amener la guerre civile.

Mais supposons d'un côté, un général de division et de l'autre un général de brigade ou un colonel.

La majorité de l'Assemblée, c'est-à-dire la nation, donne un ordre au colonel qui fait partie de la majorité et qui sort pour l'exécuter; — mais le général, lui, qui a voté avec la minorité, sort en même temps que le colonel, son inférieur et lui donne un ordre contraire à celui qu'il vient de recevoir. Que fera le colonel? ou il obéira au général, comme le code militaire l'y oblige, en désobéissant à l'Assemblée.

Ou il obéira à l'Assemblée, et passera sur le ventre du général qui voudra s'y opposer.

Sa position est nette; dans les deux cas, il sera fusillé.

Tout au plus pourrait-on accepter des généraux pris dans le cadre de réserve, — c'est-à-dire ayant une complète expérience des affaires militaires, étant arrivés au but de leur carrière et n'ayant plus d'ambition à satisfaire. Au lieu de cela, les généraux députés sont en partie des généraux nommés, improvisés par M° Gambetta, se groupant autour de lui.

Cavaignac — chef du pouvoir exécutif — ne mit jamais son uniforme. « Je ne dois pas être à la fois, disait-il, général et chef du pouvoir exécutif. »

Ne pourrait-on pas édicter que tout soldat député, pendant la durée de son mandat, passe dans le corps de réserve, n'exerce aucun commandement à aucun degré — et ne peut même pas revêtir l'uniforme ; — (rigoureusement une parenthèse dans la carrière militaire).

Il n'est pas honnête, dit Cicéron, qu'un citoyen ait une armée à lui (1).

C'est un très grand malheur, dit-il ailleurs, de voir la puissance de l'épée s'introduire dans les affaires publiques, et c'est avec un immense découragement et une immense douleur qu'il s'écrie : l'épée l'emportera toujours, *valebunt semper arma*.

Charondas, le législateur grec — avait défendu sous peine de la vie d'entrer armé dans une assemblée du peuple. — Un jour que rentrant victorieux, il n'avait pas pris le temps de se désarmer avant de venir annoncer la bonne nouvelle, averti de sa transgression, il se passa son épée au travers du corps.

Pas d'épées, pas de sabres, dans les assemblées des représentants de la nation.

Pourquoi M. Thiers n'a-t-il pas voulu admettre la solidarité de toute la France pour partager et réparer les maux de la guerre ?

Certes, je suis loin de blâmer le décret de l'Assemblée qui ordonne de reconstruire aux frais de la France

---

(1) Non honestum est habere exercitum nullo consilio publico. — (à Atticus à propos de César).

la maison de M. Thiers démolie par les insurgés — ce n'est pas d'ailleurs un fait sans précédent,— la maison de Cicéron, démolie par les partisans de Catilina et par Clodius fut reconstruite aux frais de l'état, *œre publico*(1). Cette circonstance néanmoins aurait pu — aurait peut-être dû — embarrasser M. Thiers.

Vue de Saint-Raphaël, cette théorie, que toute la France ne doit pas contribuer à la réparation des désastres qui dans cette horrible guerre ont accablé une partie seulement du pays, cette théorie semble le plus monstrueux, le plus immoral, le plus impolitique égoïsme.

Il existe en France une société d'assurance mutuelle contre l'incendie ; — tous les assurés associés font un fonds commun, qui sert à indemniser les incendiés : ceux qui ne sont jamais incendiés, n'ont jamais pensé à réclamer et à refuser leur contribution ; — leur tour peut arriver demain, — et, d'ailleurs, le sort de ceux qui sont incendiés même indemnisés est loin d'être aussi favorable, que le sort de ceux que le fléau a épargnés ; — ceux-ci n'ont pas couru de dangers pour la vie ; — on n'indemnise pas de la perte des souvenirs, — on n'indemnise pas des blessures et de la mort, — on n'indemnise pas de la privation pour un temps des bâtiments et des objets brûlés, — on n'indemnise pas de la peur.

De même, — lorsqu'on aurait eu indemnisé ceux qui, envahis par l'étranger, ont vu détruire leurs habitations, leurs récoltes, etc. — n'auraient-ils pas en-

---

(1) Superficiem consules ex senatu-consulto ... denique rem totam destinabunt.   Cicéron.

core à porter envie à ceux que le hasard a préservés de l'invasion ? — Ceux-ci ont-ils eu les terreurs, les humiliations, les souffrances de l'occupation ? Je ne parle pas de ceux qui ont vu tuer, sous leurs yeux, leurs parents, leurs amis ; de ceux qui ont dû subir des insultes de toutes sortes.

Mais encore, — quand ils n'auraient fait que peu ou point de résistance, — quand ils n'auraient arrêté et retardé la marche de l'ennemi, que du temps nécessaire pour brûler leurs maisons, détruire leurs cultures et les massacrer eux-mêmes, ils auraient encore contribué à sauver du fléau ceux qui n'en ont pas été atteints.

En effet, — lorsqu'a eu lieu l'armistice, les Prussiens, — j'étais alors au milieu d'eux, — et ils ne s'en cachaient pas, marchaient sur Lyon, et sur Marseille ; ils n'étaient qu'à trois journées de Lyon, et certes ils avaient employé bien des fois trois jours à ravager les autres départements ; sans quoi Lyon et Marseille et d'autres villes auraient subi le sort de Pontarlier, de Dijon, d'Orléans, de Strasbourg, etc.

Ah ! ce n'est pas l'égoïsme, qui a besoin d'être encouragé et d'être élevé à l'état de principe dans notre malheureux pays et dans le malheureux temps où nous vivons.

C'est, au contraire, la solidarité, la fraternité, qui, s'il en est temps encore, auraient besoin d'être ranimées, excitées, glorifiées.

Si une nation n'est pas une grande famille, — qu'est-ce qu'une nation ?

Si une famille ne se compose pas de membres solidaires les uns des autres pour l'honneur et contre les mauvaises chances, — celui qui frappe mon frère me frappe, — qu'est-ce qu'une famille ?

Dès le commencement de la guerre j'écrivais à Tours et je faisais insérer dans un journal une exhortation à la solidarité :

« Déclarez, disais-je, entr'autres choses, que toute propriété défendue par son propriétaire est assurée par l'Etat. »

Si le Midi épargné déclare que le Nord, l'Est et l'Ouest ravagés ne le regardent pas, POURQUOI ne pas dire aussi que les pensions données aux soldats blessés et invalides ne doivent pas être payées par la nation entière, mais par le département auquel appartient chacun des soldats blessés. — Alors le département rejettera à la charge de la commune, — la commune à la charge de la famille — et la famille dira : chacun pour soi, qu'ils s'arrangent.

POURQUOI alors toute la France concourt-elle au paiement des cinq milliards aux Prussiens ?

POURQUOI ne laisse-t-on pas ce paiement à faire aux départements occupés ?

POURQUOI se résigner tous à payer chacun sa part d'argent et d'humiliation à l'ennemi, et ne pas vouloir payer sa part de secours à ses compatriotes, à ses frères ?

Toute la France paye bien la reconstruction de la maison de M. Thiers, démolie par les Parisiens — et par un petit nombre de Parisiens. — Ne pas accepter, ne pas proclamer la solidarité, c'est monstrueux, c'est honteux, c'est bête.

POURQUOI ne remedie-t-on pas à un abus très grave, et qu'il serait très facile de faire disparaître.

La rétribution donnée aux députés est légitime ; — elle est même nécessaire.

Sans cette rétribution, la représentation du pays ne pourrait être acceptée que par des hommes riches — ou par des hommes clandestinement rétribués.

A ce propos — je suppose que les deux princes d'Orléans ne touchent pas cette rétribution — de même que le duc de Chartres sert en Afrique *sans solde*.

Ah ! M. Thiers, vous qui avez tant d'esprit......

Certes, puisqu'ils ne siègent pas, ils n'ont pas droit à la rétribution, — mais s'ils siégeaient, ils feraient un acte du plus mauvais goût, et ils s'en garderaient, de ne pas se la faire payer régulièrement, sans quoi nous retournerions au temps où l'on achetait des régiments, — et on acheterait une charge de député ouvertement, comme on achetait une charge aux conseils du roi, — tandis que ça ne s'achète encore que clandestinement, une élection coûtant à l'élu ou à une coterie — de 20 à 100,000 francs pour le moins aujourd'hui ; — que ce député-là se lève et me démente, dont l'élection n'a coûté d'argent à personne.

Qu'est-ce que le traitement du député ? une indemnité pour l'abandon momentané de l'exercice de la profession ou des occupations qui font vivre lui et sa famille ; parce qu'il doit tout son temps, toutes ses forces, toute son intelligence, toute sa pensée à la mission qu'il a demandée et obtenue.

Que dirons-nous alors de ces avocats, si nombreux à la chambre, qui ayant sollicité le droit de se consacrer aux intérêts du pays, ne viennent aux assemblées qu'irrégulièrement — appelés à plaider soit à Paris soit sur des points plus ou moins éloignés ? Quand ils se présentent à la chambre ils sont fatigués de la plaidoierie d'hier, préoccupés de la plaidoierie de demain—n'ont pas eu le temps d'étudier les questions politiques, obligés qu'ils sont d'étudier les dossiers de leurs clients.

Aussi, ne prennent-ils la parole que dans les circonstances où ils peuvent placer les lieux communs et les tartines toutes faites de la politique générale.

Pourquoi ne pas édicter que la rétribution sera payée en jetons de présence — je m'explique — chaque député en entrant recevrait une carte qui serait contrôlée et timbrée à la fin de la séance, — au bout du mois on paierait d'après le nombre de cartes représentées.

Ce n'est pas tout — quelques négociants, beaucoup d'avocats — un certain nombre de joueurs à la bourse, etc., se soucieraient peu de perdre la rétribution du député — et la sacrifieraient, sans hésiter, à des bénéfices plus gros; — d'autres, ayant de la fortune, la sacrifieraient à leurs plaisirs.

Il faudrait donc dire également que tout député ayant manqué, dans le même mois — tant de séances — serait de fait démissionnaire.

Ecoutez-les quand ils sont candidats : ils ne demandent qu'à se dévouer — ils tiennent dans leurs mains les destinées, la prospérité, la fortune du pays.

Tout est perdu s'ils ne sont pas nommés — tout est sauvé si on les nomme.

Une fois nommés — quels sont ceux qui travaillent chez eux dans l'intervalle des séances? — quels sont ceux qui étudient les questions? — quels sont ceux qui assistent aux séances qui ne doivent pas être amusantes?

Quels sont ceux qui renoncent aux bénéfices des

affaires, aux douceurs de la paresse, aux distractions, aux plaisirs de la vie mondaine ?

Pourquoi ne fixerait-on pas une date — à partir de laquelle il sera convenu que les sottises qui se commettront ne pourront plus être attribuées à l'empire ; — et que chacun sera responsable des siennes.

Pourquoi — pendant qu'on fait juger par un conseil de guerre les gens de la commune — a-t-on laissé juger et acquitter par un autre tribunal M. Duportal, préfet de Toulouse, qui s'est insurgé contre le gouvernement absolument comme eux ?

Pourquoi ne juge-t-on pas M⁰ Gambetta qui s'est insurgé à Bordeaux comme M. Duportal à Toulouse, comme M. Urbain à Paris.

Pourquoi l'Assemblée nationale qui a déclaré M. Cotte, préfet du Var, convaincu d'avoir commis des fraudes dans les élections pour escamoter la nomination de M⁰ Laurier et de M⁰ Gambetta, l'en a-t-elle tenu quitte pour un blâme ? (1)

N'est-il pas une loi à ce sujet ?

D'ailleurs, il n'y a pas de république, il n'y a pas même de gouvernement représentatif possible, si un

---

(1) La Commission du 14ᵉ bureau affirme qu'après examen les votes cités par la préfecture du Var ne sont pas exacts pour ce qui concerne la ville de Draguignan ; les manœuvres pour déguiser le résultat exact de l'élection sont évidentes — le préfet est coupable, et doit être blâmé, on annulle les élections de MM. Laurier et Gambetta.   (*Journal Officiel.*)

fonctiónnaire commettant une fraude au scrutin n'est pas mis aux galères.

Pourquoi le même M. Cotte, ayant commis des arrestations illégales et arbitraires — en a-t-il été quitte pour relâcher les prisonniers ? (1)

Pourquoi les communeux, à Versailles, sont-ils poursuivis et seront-ils condamnés — plusieurs l'ont déjà été par le quatrième conseil — pour usurpation de fonctions, lorsque le préfet Duportal à Toulouse est resté préfet malgré sa destitution et s'est maintenu jusqu'à faire une émeute ? — Lorsque M⁰ Gambetta a voulu à Bordeaux maintenir sa dictature malgré le gouvernement de Paris ;

Lorsque le sieur Blache — a apposé des affiches, a signé des arrêtés, a reçu les autorités de Nice comme préfet, n'ayant jamais été nommé que par lui-même.

L'un est acquitté, les deux autre ne sont pas même poursuivis ?

Notre situation n'est pas nouvelle, malheureusement c'est à l'époque de la décadence de la république Romaine qu'on peut rencontrer des situations analogues.

Ne dirait-on pas que Lucain parle d'hier et d'aujourd'hui lorsqu'il dit dans le premier chant de *la Pharsale*, *une milice improvisée — les bourgeois armés (la garde nationale) et un avocat bavard.*

Milite cum subito, partesque in bella togatæ,
Marcellusque loquax.....

---

(1) Les arrestations de MM. Roque, Gariel et Coulomb, faites par M. Cotte, préfet du Var, sont illégales (dépêche du ministre de la justice du 4 novembre 1870).

M. Thiers chef du pouvoir exécutif a dit devant l'assemblée des représentants du pays :

« Le tort d'avoir prolongé la guerre a été à ces fous furieux qui ont voulu faire la guerre quand même...

« L'Assemblée nationale a fait disparaître le gouvernement des fous qui voulaient régner, qui régnaient en despotes à Bordeaux. » — Textuel.

(*M. Thiers — Séance du* 8 *Juin* 1871.)

« Une grande faute fut commise par M° Gambetta en continuant la résistance sur la Loire, sans espérance de succès.

« Si la paix avait été faite alors, nos désastres pouvaient être limités à quinze cents millions de dépenses de guerre — à deux milliards cinq cents millions d'indemnité, et probablement une moindre perte de territoire.

« La continuation de la guerre porte nos dépenses de guerre à trois milliards. » — Textuel.

(*M. Thiers — Séance du* 20 *Juin* 1871.)

Ces paroles prononcées devant les représentants de la France avec le consentement au moins tacite de l'Assemblée ; il paraissait que cet homme dont on a dit avec raison : « son patriotisme, c'est le sang des autres »

Allait tâcher de se faire oublier dans la retraite, si toutefois la justice et l'indignation de la France le lui permettaient et ne lui demandaient pas un compte sévère.

Loin de là, il est venu prendre place à l'Assemblée, et alors il s'est passé un triple phénomène — chez lui, chez l'Assemblée — chez M. Thiers, M° Gambetta n'a point réclamé contre la terrible accusation d'avoir fait à la France autant de mal que l'ex-empereur Napoléon — beaucoup plus que la commune, autant de mal que les Prussiens, d'avoir prodigué la fortune et le sang de la patrie — et d'être pour la moitié dans nos misères et dans nos deuils.

Il a accepté cette accusation — il n'a rien répondu, on a le droit de croire qu'il n'avait rien à répondre.

Il s'est assis au milieu des autres représentants — « le cœur léger » comme son ancien ami Olivier.

De ces autres représentants aucun ne s'est reculé de lui avec indignation.

Il a parlé, et personne ne lui a dit : d'abord justifiez-vous, ou allez vous-en.

Personne n'a compris que sa présence à l'Assemblée après les paroles de M. Thiers était un scandale aussi grand que l'aurait été la présence de Napoléon III, de Me Olivier, de Félix Pyat, et de M. de Bismark, est-ce l'audace qui a fait la lâcheté — est-ce la lâcheté qui a engendré l'audace?

Pour lui, peu lui importe : — quoiqu'il ait abandonné les gens de la commune lancés par lui et pendant la lutte et après leur défaite, il sait qu'il est toujours leur homme — ils comptent sur lui, il compte sur eux — ils l'aiment comme Desgrieux aimait Manon — il tient les cartes, il fait leur jeu, et ils parient pour lui.

Pourquoi M. Thiers — qui ressemble à Cicéron, à un certain point par le talent, et tout à fait par l'histoire de sa maison,

Pourquoi M. Thiers n'a-t-il pas répété devant Me Gambetta sa redoutable accusation — en débutant comme l'orateur romain :

Jusques à quand, Catilina, abuseras-tu de notre patience ?

Quò usque tandem, Catilina, abutere patientià nostrà ?

Pourquoi voyons-nous se prolonger la confusion et l'incertitude où nous sommes.

Parceque les gens faibles et irrésolus ont coutume de prendre résolûment et avec joie les ouvertures qui conduisent à des carrefours d'où partent plusieurs chemins, ce qui fait qu'ils ont l'air de marcher et se figurent eux-mêmes qu'ils marchent.... en se réservant de se décider.... plus tard. — Ils espèrent que le dénoûment se fera tout seul.

Beaucoup voudraient, personne ne veut.

Les uns prétendent tout garder, les autres sont décidés à tout prendre. — Personne ne se contente de partager ni dans le présent ni dans l'avenir ; les *partageux* eux-mêmes ne veulent partager que tant qu'ils n'ont rien.

Pourquoi lorsque les journaux croient devoir faire mention d'un dîner donné par le chef du pouvoir exécutif, lequel a pour mission de réparer les désastres d'une guerre insensée — le public apprend-il, sans en paraître scandalisé — que, parmi les convives, on voit :

Une parente de l'ex-empereur, pensionnée par lui, un journaliste qui plus que personne a poussé à cette guerre, un écrivain hôte assidu de St-Gratien et de Compiègne.

C'est que l'on n'ignore pas que les gens que nous avons sous les yeux ne sont pas des personnes, mais simplement des personnages, des comédiens, jouant des rôles — et qu'on ne se scandalise — ni ne s'étonne de voir, le rideau baissé, Etéocle et Polynice, Néron et Britannicus jouer aux dominos ou au bésigue, le café et le verre de bière qu'ils boivent ensemble dans l'entr'acte pour se rafraîchir des hexamètres et des invectives qu'ils ont échangés sur la scène.

Pourquoi est-il à désirer que M. Thiers fasse comme Moïse, c'est-à-dire nous conduise à la *République promise* et n'y entre pas.

Parce que excellent intérimaire — esprit souple, délié, adroit — et avec ces qualités, rendant, dans la circonstance présente, de grands services au pays, non-seulement il n'est pas et ne sera jamais républicain, mais il n'a jamais été, n'est pas et ne sera jamais même libéral !

Heureusement qu'il lui est facile, je l'ai déjà dit, d'accepter et d'aimer une république dont il est le président. De même l'Assemblée actuelle, envoyée pour faire la paix, doit proclamer la République, parce que c'est peut-être le seul moyen de faire la paix au dedans. Ça peut se plaider quoique ce ne soit peut-être pas très-correct, mais il faut se rappeler que si Cavaignac s'était laissé nommer par l'Assemblée, nous aurions évité l'Empire. Quant à faire une constitution — non. — Il faut revenir à la constitution de 1848 brisée par le coup d'Etat — laquelle sera plus tard révisée, réparée et blindée dans ses parties faibles par une Assemblée *ad hoc* comme on dit au Palais. — L'aptitude à faire une constitution n'ayant nullement été consultée dans la nomination des représentants actuels, auxquels on n'a demandé que la promesse de voter pour la paix.

Pourquoi les députés de Paris ne se sont-ils pas chargés de défendre leurs électeurs accusés et jugés à Versailles? On sait que plusieurs en ont été sollicités.

Dans les réunions qui ont précédé et amené les dernières élections sous l'Empire, ils semblaient parfaitement d'accord, et sont partis ensemble, — à l'assaut du pouvoir pour les uns, à la conquête de l'argent, des jouissances pour les autres (1).

Semblables à une charge de cavalerie qui attaque un carré d'infanterie : arrivé à portée des coups, le premier rang exécute un demi-tour à gauche, mais les autres emportés par leur propre ardeur ou la furie de leurs chevaux, se précipitent sur les bayonnettes.

Les gens de la Commune n'ont fait que continuer seuls la route qu'une partie de ces messieurs avaient commencée avec eux.

Ecoutez ces orateurs des clubs, de la commune et des divers comités ; ils ont ramassé des bouts de phrase des candidats, comme quelques-uns d'entre eux ramassaient sur le boulevard des bouts de cigares qu'ils hachaient ensuite pour bourrer leurs pipes.

Mais l'affaire de quelques-uns des chefs est faite, le moment est venu pour eux de prononcer des discours modérés et fleuris, de *parler roses*, comme dit Lucien ῥῶδα ἔρειν. Quelques-uns, d'ailleurs, ont perdu leur crédit sur leurs complices abandonnés ; — il est temps de permettre à d'autres avocats d'arriver à leur tour par le même moyen.

Longtemps avant la dernière révolution, je signalais les inconvénients des procès politiques: « Ils mettent sur un piédestal quelques malheureux que la vanité surexcite et rend fous furieux. »

Et ils donnent lieu à l'éclosion d'un essaim de nouveaux « illustres avocats » de même que les cousins et les moustiques éclosent au soleil et sortent de la mare où sous la forme de larves, ils avaient jusque là

---

(1) Scorta et fœminas volvit animo, et hœc principatus præmia putat. FLAUTE.

grouillé dans la vase, ces avocats politiques « avocats aggravants » appartiennent à une certaine catégorie d'avocats qui va tous les jours grossissant à proportion des exemples des confrères arrivés par ce procédé.

Ils ont pour spécialité de ne considérer les causes qu'on leur confie — causes qu'ils ont souvent sollicitées, que comme des prétextes, et leurs clients comme des marchepieds — sacrifiant, sans hésiter, et la cause et le client au succès de la plaidoierie. Ils cherchent des accusés politiques comme certaines mendiantes louent des enfants pour exciter la charité des passants.

Ils disent des injures au gouvernement, aux juges, aux membres du ministère public — ceux-ci, lorsqu'il arrive qu'ils ne sont pas des hommes froids, calmes, n'ayant de passion que celle de la justice — deviennent parties dans l'affaire.

Le client est condamné au *maximum* de la peine, va en prison, en exil — quelquefois même il a la tête coupée.

Le public se figure que l'avocat a été très courageux, tandis qu'il n'a couru aucune espèce de danger ; les coups qu'il porte n'étant rendus et ne pouvant être rendus qu'à son client. Le public s'engoue, et l'avocat hérite à bon marché d'une popularité achetée aux dépens de son client qu'on oublie.

Dès lors « l'illustre avocat » sait tout, il est apte à tout : les finances, la guerre, la marine, les affaires étrangères ; il est mûr pour gouverner la France. Il s'en va par les provinces, à la façon des femmes qui crient : *ma botte d'asperges*, ou *harengs frais*, crier : mon libéralisme ! mon civisme ! mon socialisme ! mon internationalisme ! mon irréconcilliabilité ! et il devient député, ministre, dictateur.

C'est l'histoire de ceux qui sont aujourd'hui aux affaires; il ne manque pas d'avocats qui espèrent que ce sera leur histoire demain.

« Curtius rêve le manteau de pourpre deux fois teinte, mais le teinturier le fait un peu attendre. »

Curtius dibaphum cogitat, sed eum infector moratur.
CICÉRON.

Que de Curtius !

C'est une des grandes plaies de la France. On ne veut pas attendre — on ne sème plus d'arbres, on en transplante de vieux; — presque personne, ni dans l'armée, ni au barreau, ni dans le commerce ne veut parcourir d'un pas lent et sûr une carrière honorable — on veut « faire un coup. »

C'est le propre caractère de l'époque présente que les vieux, pas plus que les jeunes, n'ont d'expérience; que ce qu'on appelle « la science politique » ne peut pas être plus d'usage aujourd'hui, que ne le serait à la guerre le javelot, l'arc, — et même le *bâton à feu* ou le fusil à rouet.

Nous sommes sur des chemins nouveaux et non frayés, où l'on ne peut demander la route à personne, parce que personne ne revient de là où nous allons.

De même que personne ne sait où nous allons.

Etrange peuple qui ne sait ni mépriser, ni admirer — qui fait succéder sans mesure et presque sans intervalle le dénigrement et l'ostracisme à l'engouement, — qui ne contracte jamais un mariage de raison, ni un mariage d'amour, mais ne connaît que les « passades. »

POURQUOI s'obstine-t-on à repousser l'impôt sur le revenu ? et imagine-t-on de l'éparpiller sur une multitude de choses, — ce qui exige une montagne de paperasses et une armée de percepteurs, qui en mangent une partie.

D'ailleurs, — quand vous imposez le tabac, le papier, la viande, l'air, les allumettes, etc., sous le nom d'impôts directs et indirects, — avec quoi croyez-vous que chacun paye cette multitude d'impôts, — n'est-ce pas avec sa fortune ou avec le produit de son travail, — n'est-ce pas sur son revenu.

Eh bien, cet impôt sur le revenu, contre lequel vous témoignez tant d'horreur, — il existe, il a toujours existé ; — il ne peut y en avoir d'autres, quelques déguisements que vous lui imposiez; seulement si vous en faisiez un impôt unique, il serait plus facile et moins ruineux à percevoir, et il pourrait être réparti avec égalité et équité, tandis que, — perçu sous tant de prétextes, de noms, de surnoms, de sobriquets, — il amène ceci : — que les uns donnent la 100,000^{me} partie de leur revenu et que d'autres sont dépouillés de la dixième partie.

Ajoutez y un impôt sur les objets de luxe, si vous voulez, — mais l'impôt ne doit commencer que là où finissent les rigoureuses nécessités de la vie.

Faites, si vous voulez, que, par des patentes coûteuses, les cercles, — les cafés, — les cabarets, — qui ont détruit d'une manière si funeste la vie et les vertus de la famille et aussi le bons sens, soient forcés de vendre exorbitamment cher les « objets de consommation ; » mais laissez à bon marché, — au meilleur marché possible, — le sucre, le café, le vin, qui se prendront dans la maison, au sein de la famille, — qui réparent les forces de l'ouvrier et qu'il partage avec sa femme et ses enfants ; et renoncez à cette protection, qui ne protège que la misère et la faim.

Pourquoi les légitimistes s'opiniâtrent-ils à une petite agitation platonique ; — ils tracassent, ils peuvent déplacer la majorité, ils ne peuvent jamais être la majorité.

Ce qu'ils tracassent surtout c'est ce pauvre prince Henri de Bourbon ; — qui a le bon sens de préférer sa situation de fétiche au métier de roi; qui est riche, qui a sa cour, que l'on appelle sire et majesté ; — qui n'a pas d'opposition, pas de ministres ; — qui ne court risque ni d'être chassé, ni d'être assassiné — et qui a cru décourager ses partisans en criant : Montjoye ! Saint-Denis ! et en arborant le drapeau blanc — lequel avait fait une dernière apparition à Sédan pour annoncer aux Prussiens que l'empereur Napoléon leur rendait son armée.

Je vois dans les journaux que sa femme, la comtesse de Chambord, va aller faire un pélérinage à la Salette, célèbre par un miracle dont les auteurs ont été repris de justice.

Vous voyez bien qu'il veut qu'on le laisse tranquille — et comme il a raison !

Pourquoi s'est-on amusé à défendre de fêter la Saint-Napoléon ?

D'abord peu en avaient envie ! — et cette envie la défense pouvait la faire naître dans ce pays où l'on ne mange avec plaisir que le *fruit défendu* — où l'on aime surtout, comme le remarquait Voltaire, l'odeur des livres brûlés.

Ce ne sont pas ceux qui ont crié vive Napoléon qui ont fait l'empire et le pourraient refaire, ce sont ceux qui ont crié vive Robespierre ! et vive Marat !

Au mois d'octobre 1870, 300,000 balles de fusil arrivèrent contre remboursement en gare de Draguignan ; le préfet Cotte voulait s'en emparer la veille du jour où il fut évincé de la Préfecture — on eut la sagesse et la hardiesse de les lui refuser, mais on m'assure que depuis cette époque, près de onze mois, ces 300,000 balles sont encore à la gare où elles payent six francs par jour de frais de magasin.

Pourquoi ?

Il ne semble pas que nous ayons le moyen d'entretenir des balles à ce prix là.

Pourquoi cette distribution de croix d'honneur après une guerre civile ?

Dans la guerre civile, dit Lucain, la victoire même est un désastre et une défaite ; et il dit, au début de *la Pharsale* :

« Je chante le droit usurpé par le crime, et la folie d'un grand peuple, qui se croit vainqueur quand il a plongé ses mains dans ses propres entrailles. »

Jusque datum sceleri canimus populumque potentem
In sua victricia conversum viscera dextrà.

Cicéron va plus loin et dit :

« Tout est funeste dans la guerre civile et surtout la victoire : même accordée aux meilleurs, elle exalte l'orgueil et pousse les plus honnêtes gens au-delà des bornes ; — en dépit de leur bon naturel, la nécessité les entraîne. »

Omnia sunt misera in bellis civibus, sed miseriùs nihil quam ipsa victoria, quæ etiamsi ad meliores venit, tamen eos ipsos ferociores et impotentiores reddit ut, etiamsi naturà tales non sint, necessitate esse cogantur.

Après la bataille de juin 1848, — Cavaignac me montra un matin avec tristesse et avec dégoût, une colonne d'un mètre et demi de pétitions demandant la croix pour des gens qui prétendaient s'y être distingués.

Il faudrait, dis-je, une croix spéciale, le ruban serait noir, en signe de deuil, et sur la croix, imitant avec un changement, l'inscription que les Romains mettaient sur la couronne civique : « pour avoir sauvé un citoyen, — *ob. civem servatum*, je proposerais : *ob cives cæsos*, pour avoir tué des citoyens.

Une seule, me paraît cette fois possible, c'est celle de M. Ducatel, qui, en risquant sa vie, a épargné tant de sang et on a laissé à l'initiative d'un journal le soin de compléter cette récompense.

Mais, à ce propos, une autre question :

POURQUOI le colonel Denfert, — le défenseur de Belfort, — auquel on doit le plus brillant peut-être du très petit nombre de nos succès dans cette triste guerre, le seul succès avoué par les Prussiens, est-il encore colonel ?

Est-ce que ce n'est pas vrai ? est-ce que Belfort n'a pas fait, sous ses ordres, une défense héroïque, qui a inspiré l'admiration même aux Prussiens, est-ce que cette consolation est un mensonge ?

Alors qu'on nous dise que c'est une légende inventée

et un conte fait à plaisir — ou est-ce que le bruit de cette affaire n'est pas arrivée au gouvernement.

A moins cependant que l'envie n'ait voulu punir et n'ait réussi à punir — un héroïsme — que trop peu ont pu ou ont su imiter.

Ici se présente une dernière question, et c'est précisément pour la faire que j'ai pris la plume.

Pourquoi y a-t-il encore des Prussiens en France ?

Est-ce parce que, — pour continuer la pratique du principe de la non-solidarité, — proclamé par M. Thiers et son gouvernement, et par l'Assemblée, ça ne regarde qu'une partie de la France — c'est-à-dire les départements et les villes occupées ?

Pour ma part, j'ose à peine lire, — souvent même je n'ose pas lire du tout, — les récits que font les journaux, car je me rappelle cette impression que j'ai éprouvée, pendant un séjour de quelques jours, au milieu des ennemis, et que j'ai écrite avant la paix.

« ..... L'officier prussien prit son air en bois, et me répondit sèchement et d'un ton vainqueur, accompagné d'un sourire d'une insolence indescriptible.

« Cherchez-le.....

« J'eus en ce moment, au plus haut degré, une impression, qui s'est renouvelée plus d'une fois pendant mon triste voyage ; il me passa une effluve de haine dans les nerfs et dans les veines, et je sentis qu'une joie immense eût été, au prix de la moitié de ce qui me reste à vivre, et en risquant le tout, de me trouver seul avec cet homme dans un endroit désert, avec chacun une épée, ou un sabre, ou une fourche, ou, seulement avec les mains. »

Et cependant cette insolence ne frappait que moi, — je n'avais, à portée des Prussiens, ni une mère, ni une femme aimée, ni une fille, ni une sœur, — mon jardin même et mes fleurs étaient à 300 lieues de leurs bottes.

Qu'est-ce donc que cette vie exposée, sans cesse, à des violences, à des exactions, à des insultes.

Quelle est la femme, dans les départements et dans les villes occupés, qui peut être certaine, le matin en se levant, de voir vivants le soir son père, son mari, son amant, son frère, son fils.

Quelle femme est certaine, s'ils sont vivants, de ne pas leur avoir vu subir et supporter des insultes pires que la mort.

Lisez donc les récits des journaux, — les hommes battus, les femmes salies, — dans la rue, — dans les maisons, à chaque instant, — toujours.

Il y a mille chances, pour qu'à la suite d'une rixe, une ville entière soit massacrée. Ce qu'il nous faudrait regarder sans rien faire.

Pourquoi y a-t-il encore des Prussiens en France?

Je l'écrivais au gouvernement de Bordeaux, — et dans un journal, — aussitôt qu'on connut l'*ultimatum* des Prussiens :

« Il nous faut imiter le négociant malheureux, qui
« veut tout payer, se réhabiliter et refaire sa fortune
« avec plus de prudence et de certitude.

« Il nous faut faire de grandes et sérieuses écono-
« mies, — *d'abord* pour payer le tribut exigé par la
« Prusse, et en même temps pour réparer nos désas-
« tres, — et aussi pour prendre l'habitude d'une sage
« économie. »

Et j'indiquais plusieurs de ces retranchements

presque tous faciles dont pas un n'a été adopté jusqu'ici ; j'indiquais surtout un moyen certain de trouver l'argent sans nouveaux impôts — moyen sur lequel je vais revenir tout-à-l'heure.

Mais lorsque émettant l'emprunt de deux milliards le Gouvernement s'est vu offrir cinq milliards (chiffre fatidique), comment la France entière, avec l'ensemble d'un chœur d'opéra, ne s'est-elle pas écriée : prenez les cinq milliards et renvoyez les Prussiens.

Rien n'est plus urgent, rien n'est aussi urgent, ça doit passer avant tout.

Et il semblait en effet que toute la France, dut-elle se retrancher jusqu'à la plus stricte économie, tous les luxes, tous les bien-êtres, toutes les satisfactions ;

Les femmes dussent-elles donner leur bijoux et vendre leurs chevelures, il fallait tout de suite payer la rançon.

Hélas! — encore une fois il faut le redire — la lecture des histoires anciennes gâte les esprits comme la lecture des romans qui nous font demander à la vie des vertus et des bonheurs qu'elle ne contient pas; des fraises aux orties et des ananas aux ronces.

Le patriotisme, l'abnégation, le dévouement des Grecs, des Romains, des vieux Français, tout ça c'est aujourd'hui relégué dans la bibliothèque bleue avec l'histoire d'Amadis et de Galaor.

J'avais dit :

« Pour en finir avec la royauté et sa piaffe — et pour se procurer une énorme somme d'argent, notre rançon — prenez-moi les divers joyaux, bibelots, etc., connus sous le nom de pierreries de la couronne — leur valeur commerciale est immense — mais elle sera dix fois, cent fois centuplée si vous les mettez en loterie comme on mit autrefois le lingot d'or. »

« L'appât des lots — et la sympathie des peuples (je ne dis pas des gouvernements) de l'Europe et du monde entier feront prendre rapidement des billets de cette loterie, autant qu'on en voudra faire. »

Mais non, — on ne veut pas.

Chacun réserve probablement ces joujous pour le roi qu'il attend *in petto*, tout en faisant semblant de se rallier à la république; tandis que s'il nous est réservé d'avoir un roi, ces oripeaux sont une partie des choses auxquelles il devrait tout d'abord renoncer.

Je veux remettre encore une fois cette question sur le tapis :

La valeur de ces pierres inutiles est énorme.

Voltaire parle d'un habit de Louis XIV, sur lequel il y avait pour 24 millions de pierreries; or, vingt-quatre millions du temps de Voltaire, font aujourd'hui une somme considérablement plus forte; on en a acheté beaucoup depuis, et le régent seulement qui vaut cinq ou six millions, a été acquis pendant la minorité de Louis XV.

Ce n'est qu'une partie, nécessairement des joyaux de la couronne qui étaient propres à être mis sur un habit d'homme.

Il y a donc là un gros trésor bête, qui mis en loterie, nous débarrasserait des Prussiens et en même temps de toutes les petites imaginations de M. Pouyer-Quertier;

Si vous craignez de ne pas avoir assez de lots, joignez-y des tableaux de vos musées.

Il vaut mieux ne plus voir la vierge, un peu grisette

de Murillo, et ne pas voir non plus la figure des Prussiens vainqueurs et insolents.

Comparez seulement le plaisir que vous donne de savoir que le *Régent* est quelque part dans une boîte ; — où vous n'avez aucune chance de le voir jamais, comparez, dis-je, ce plaisir au chagrin poignant de voir un seul Prussien dans une de vos rues — et de devoir vous déranger pour lui laisser le haut du pavé.

Mon sang bout à cette pensée.

Pourquoi n'use-t-on pas de cette ressource, faut-il alors se répondre qu'on attend un roi et un roi orné de tous les bibelots conservés de la royauté.

Faut-il donc se demander avec douleur et avec colère s'il y a des ambitions, des intérêts, des projets pour lesquels il faut que les Prussiens soient et restent en France.

ALPHONSE KARR.

Saint-Raphaël, maison Close.

www.ingramcontent.com/pod-product-compliance
Lightning Source LLC
Chambersburg PA
CBHW060724050426
42451CB00010B/1609